Eugenio Grandinetti

La Gabbia della Luna

Youcanprint *Self-Publishing*

Titolo | La Gabbia della Luna
Autore | Eugenio Grandinetti

ISBN | 978-88-67511-49-5

Youcanprint Self-Publishing
Via Roma, 73 – 73039 Tricase (LE) – Italy
www.youcanprint.it
info@youcanprint.it
Facebook: facebook.com/youcanprint.it
Twitter: twitter.com/youcanprintit

Premessa

Non ho mai avuto l'abitudine di datare le cose che scrivevo,ma adesso,rileggendo i miei vecchi versi,mi verrebbe voglia di sapere quando li ho scritti:Naturalmente quando in essi ci sono riferimenti a fatti precisi,la datazione è facilitata; ma le poesie spesso sono occasionate da emozioni solo vagamente legate ad accadimenti esteriori. Comunque ora che sto rileggendo la raccolta che a suo tempo avevo intitolato " La gabbia della luna",mi pare che valga la pena che essa non

sia mandata al dimenticatoio,anche se è piuttosto vecchia:Ma vecchia quanto? Io scrivo versi da sempre,ma i versi puerili e quelli adolescenziali ed anche quelli della giovinezza,se non si sono perduti in occasione del mio trasferimento dalla Calabria a Milano, li ho distrutti o ho cercato comunque di dimenticarli perché rappresentavano un periodo molto triste della vita. Però una ricostruzione,per quanto molto approssimativa,potrei tentarla.

Nell'età adulta il lavoro e lo studio mi hanno tenuto molto impegnato ed inoltre l'attività politica,mediante la quale pensavo di poter modificare l'organizzazione sociale attraverso la modificazione della scuola,che era il campo dove io operavo,mi ha distolto dall'attività poetica.

Scuola e società poi si sono modificate ma per altre spinte e in tutt'altra direzione da come io avrei voluto,ed allora

a partire grosso modo dalla metà degli anni settanta del secolo scorso, sono tornato a scriver versi,senza rinunziare alla visione utopistica di una società di uguali.

Un'altra precisazione: non avevo allora ritenuto utile dare un titolo alle singole poesie perché mi pareva che non fossarom ognuna un discorso compiuto ma che tutte insieme facessero parte di un discorso comune tendente a rappresentare la realtà come frutto di una grande,inquieta solitudine:

Forse adesso potrei rivedere questa posizione,ma preferisco mantenere l'impostazione data una quarantina di anni addietro.

****

Ci fosse stato il tempo,dovevamo
parlare ancora d'altre cose. Ma era prossima
l'ora della partenza. Si restava
chi al finestrino,chi sul marciapiede,
a disagio,a ripetere
i soliti convenevoli,perché non c'era
più il tempo per cominciare
un discorso più serio.

****

Si sarebbe potuto fare a meno
d'essere,anche se mentre si era ci pareva
d'essere l'asse dell'universo. E invece
tutto continuava indifferente
sia che si spegnesse un fuoco,sia
che un alito cessasse,sia
che il cielo fosse libero o che fosse
ingombro di nuvole,e che gli occhi
vedessero oppure che non potessero
più vedere.

****

C'era una volta...ma chissà se c'era
davvero,se non era
una favola,come tante altre
che a furia di sentirle raccontare
ora paiono vere.

****

L'acqua versata sulla sabbia affonda
come la sabbia sparsa sopra l'acqua,
e non perché sia più pesante l'acqua,
ma solo perché tra grano e grano
nella sabbia rimangono interstizi
vuoti in cui s'insinua .Anche l'anima
è fatta di certezze che non sono
però compatte,ma hanno
come la sabbia vuoti ed interstizi
per cui penetra il dubbio
e arriva al fondo
dove il sole non penetra,e ristagna
l'umido e non evapora.

****

E' qui che di ogni cosa resta traccia,
è qui che si inchiavardano parole
come su un muro grezzo che si sbreccia
e quando il chiodo cade resta un foro
che s'allarga col tempo e le intemperie.

****

Solo il male è reciproco,il male
sia pure involontario,come d'igropiro
avido che soffoca
con le sue radici ogni altra vita,forse
proprio perché non c'è al mondo altro peccato
se non la vita stessa,perché quello
che è bene a me risulta invece male
per tutti gli altri esseri che vivono.

****

Il segnale aereo che s'irradia
per spazi senza ostacoli,le immagini
che si formano sul vetro,le parole
ininterrotte... E noi qui soli
a guardare fantasmi ed a pensare
a quella che non c'è e a tutto quello
che pure potrebbe essere se s'interrompessero
le voci estranee,alle parole,
alle nostre parole che nessuno
più ascolta,ma che pure
avrebbero pensieri
da esprimere,pensieri
che si sono rinchiusi dentro un bozzolo
duro ed impenetrabile ed aspettano
se mai giunga il silenzio per evadere
come farfalle.

I magi d'occidente

Giungono i magi d'occidente
con un corteo aereo di cammelli
dalle gobbe ondeggianti,di cavalli
ombrosi che s'impennano a ogni vento,
e portano tra i panneggi delle vesti
vaporose le pissidi preziose
col dono prezioso della pioggia.

****

Giunge inatteso e si diffonde vago
per la mente un torpore e tutto pare
senza senso ed inutile.
Stiamo col fiato mozzo ad ascoltare
il battito degli attimi,ma le ore
non passano.Si potrebbero
spostare le lancette,fingere
che sia concluso il giro,ma sarebbe
come barare a un solitario.
E la vita che resta è solo questo
dovere inerte,questo attendere
che faticosamente e lente scorrano
le ore e si concluda
sull'orologio un altro giro inutile.

****

Avrebbero potuto forse un giorno
trovarsi,ma rimasero
ognuno su una costa,e i suoni
che a tratti giungevano,
fievoli,non si sapeva
se fossero di parole
umane o se fossero
la voce del vento che passava
tra strettoie di rocce e articolava
voci di solitudine.

****

Quello che unisce l'uno all'altro è un filo
fragile che non regge
se lo tendono forze contrapposte.
E dopo resta
attaccato ad ognuno come un laccio
pendulo che s'impiglia
ad ogni ostacolo
e rende il cammino più difficile.

****

Recitare il mea culpa senza avere
altra colpa che quella inespiabile
d'essere,senza però esserne
stati responsabili,
ma d'essere rimasti intrappolati
come un insetto alato nella tela
vischiosa di un ragno e dimenarsi
contro fili invisibili di paure
e ricatti,taciuti ma impliciti
nella vita,e aspettare
che nella lotta il cuore venga meno,
o che s'affretti il ragno e ci avveleni
lasciandoci storditi in un torpore
inerte d'abitudini.

****

Le parole che dici non sono
parole che vorrei sentire. Sono
solo parole,vaghe,suoni
a cui non corrispondono
altro che incerte vibrazioni
dell'aria e provvisorie che altri suoni
presto ricopriranno.Ma non abbiamo
nient'altro che parole
per parlarci,vuote e fragili
come bolle di vetro che si rompono
all'urto del vero e ci feriscono.

****

Lontano
da ogni parola,ora,da ogni
voce,da ogni
presenza umana,
per non essere preso
dal vortice dell'odio.

****

Si persero
per sentieri inconclusi : non riuscirono
più a trovare la strada,e rimasero
come sabbia di clessidra rinchiusa
in un'ampolla duplice,a passare
dall'uno all'altro vuoto con un moto
alterno e uguale
senza capire e senza ritrovare
un varco per cui evadere.

****

Il nocchiero ci chiama per portarci
all'altra riva.
Ma la chiglia è sdrucita e pure
le vele sono lacere Vorremmo
non partire per questo viaggio
disagevole e inutile. Ma ci spinge
a partire una forza ignota,un'inquietudine
irragionevole.

****

Iassa[1]

Per me non hai parole,che arrochisci
nelle magre d'estate e al mio ritorno
ritrovo un greto arido,un riandare
frenetico di libellule per rade
pozzanghere residue. Eppure gli argini
che,secchi,ora trattengono radici
aspre di carici indicano
piene invernali,rapide,che superano
la strettezza del greto e si riversano
torbide oltre le rive che rimangono
sordide e devastate.
Anche per me,anche per me si gonfiano
desideri e tracimano oltre i limiti
angusti dei doveri
e dilagano torbidi e sconvolgono
i coltivi dell'anima.
Poi presto si ritraggono ma lasciano
tra rive devastate incerti gli argini
e arido il greto del cuore e sparso
di ciottoli erratici,di detriti
che lenti si decompongono.

****

S'accumulano
giorno per giorno i giorni finché regga
l'ampolla fragile e non si crepi
versando in una volta tutti i giorni
radunati a fatica in una vita.

---

[1] Il torrente Iassa è un affluente del Busento.

****

Ora vanno nel vento i lunghi gemiti
d'alberi senza fronde,
e il cielo è torbido
di nuvole, e nulla
resta stabile agli occhi. Passano
veloci anche le immagini
delle nuvole e si disfano.
Ma opaca come polvere s'addensa
una fuga di giorni e si fa nebbia
che il vento agita.

****

Torna come ogni inverno il pettirosso,
si nasconde nel folto dei dumeti
gravidi di galaverna Si disperdono
gli occhi nel cielo livido. Non sanno
se mai verranno ancora
azzurri nel cielo e fiori
che li richiamino perché tornino
fiori nei prati e insetti a frotte
che richiamino fringuelli e rondini
a dare il cambio al pettirosso.

****

La morte ha colto i crisantemi e i petali
sono tutti crollati. Ora restano
solo gli steli nudi che marciscono
nell'acqua già putrida.

****

Essere ala lieve che solleva
il vento e la libra nell'aria per un volo
libero e senza limiti. O essere
albero solido che s'ancora
con radici tenaci al suolo. Ma non essere
cespuglio che la bufera
può svellere e trascinare
per piane aride,per fratte
a lacerare,a lacerarsi,a perdersi
per forre fonde oppure a ricoprirsi
alla fine di polvere e di sassi.

****

Lungo la strada viscida dell'ultima
pioggia notturna scivola
il sole del mattino e si sparpaglia
per pozzanghere torbide e rigagnoli
che presto si prosciugano.
Anche i nostri pensieri,incauti,affidano
parole a sogni che si perdono. E la vita
rimane senza abbagli ed arida e polverosa
come una strada senza più memoria
di pioggia.

****

Dovremo subire primavere ancora,
primavere che ingannino,ed occhi
aperti ma avari di sguardi
di trasparenze vitree per cui passino
raggi rabbiosi. Avremo
cieli torbidi e voci
di folate di vento che sollevano
pollini e polvere,speranze
ancora informi e immagini
già decomposte di cose
che furono,che tornano
a rendere torbida l'aria e ad irritarci
gli occhi.

****

Nel bene e nel male,ma preferibilmente
nel male,perché il male
degli altri è spesso il nostro bene,e il bene
è la cruna di un ago,al buio,ed è difficile
centrarla. O forse
nel bene e nel male,perché non esistono
il bene e il male,ma solo
la necessità di sopravvivere ed il costume
di prevaricare.

****

Ho vagato per le isole possibili
più vicine o remote,però tutte
erano senza approdi.
E il mare intorno s'agitava e c'erano
per spume e per scogliere desideri
come acqua di risacca,che tornavano
sempre al mare. Pure
c'era un sogno di quiete che chiamava
da vallate lontane o da fondali
insondabili,e c'era
una stanchezza estrema che lasciava
la barca alla deriva finché il mare
rigonfio di tempesta la squassasse
contro qualche scogliera
o inerte di bonacce la sdrucisse
con l'assiduo limio dell'acqua salsa.

****

Tutti gli dei che vivono nei cieli,
tra le nuvole perpetue e gli offuscamenti
della ragione, diedero
a un'immagine fittizia ognuno un dono :
una giovinezza decrepita,o l'inizio
di un sogno all'imminenza del risveglio,o una vita
apparente di continue morti,o la miseria
d'incessanti desideri,o una bellezza
passeggera per nascondere
un lungo disfacimento,o una falsa
persuasione per nascondere
il vero. E in ultimo l'inganno più crudele :
quello della speranza.

****

Come in un cielo scuro fuochi fatui
che senza illuminare gli occhi turbano
il cuore,tornano
alla memoria immagini
di volti che passarono
forse nei nostri giorni o forse
nei nostri desideri

****

Questa sera la luna è così esile
che non ha alcun chiarore. Eppure
vale almeno a trattenere
lo sguardo che s'è perso
nell'uniformità del buio.
E forse non sapremo mai se tutto
era soltanto questo:un cielo scuro
e impraticabile,e un filo
di luna appena,esile,un'illusione
perché gli sguardi sopravvivano.

****

L'anidride solforosa,il biossido
d'azoto:quante formule chimiche
imparano i nostri polmoni,
e senza fatica,basta
che ci affacciamo un poco a una finestra
e respiriamo.

****

Il vento ha lunghe dita che aggrovigliano
le nuvole e le confinano
ai limiti dell'orizzonte o le sparpagliano
per il cielo,incerte
se fermarsi o disciogliersi
in pioggia e cadere e perdersi
per meati sotterranei e non tornare
più a turbarsi nell'aria. Non occorre
avere tristezza per chi muore,perché breve
è il cammino notturno,come quello
sotterraneo dell'acqua,e poi si torna
per nuove forme ancora a ripercorrere
strade antiche.

****

Nuvole e sole vanno incerti e alternano
abbagli ed ombre. Passano
fugaci come nuvole e s'infrangono
i desideri. E il cielo
s'intorbida e gli sguardi
restano senza più azzurro.

****

Come sono discordi le parole
dai pensieri,e come si diradano
quanto più ci accostiamo
a guardarle:paiono
figure di nebbia che si disfano,
immagini allo specchio che s'offuscano
al vapore del fiato. Ho perso
ad uno ad uno i sogni per cercarti,
ma nell'amnio del cuore ti facevi
parola e mi chiamavi
da lontano perché non ti trovassi.
Le immagini della vita si son fatte
oscure ora: io sono l'albero
che s'erge rigoglioso o cresce stento
seconda del terreno dove affondano
occulte le radici,o seconda
che non gli sottraggano il sole le ombre
di altri alberi. E le parole che ora sento sono
parole di vento,dissennate e torbide
di polvere o di memorie,di polline
o di desiderio

****

Torna la barca con la vela nera
e delude l'attesa. Ogni parola
di rimpianto è ormai inutile. La vita
di là dal mare era
certo un rischio. Ma la vita
inerte è anch'essa come la morte :
certa e senza speranze.

****

Mostra il pollice verso,non aggiungere
all'amarezza di chi ha perso
anche l'oltraggio della compassione.
Occorreva per vincere altra forza
ed altra determinazione
e la volontà di uccidere
senz'odio,solo per continuare
una vita da schiavo,ma per dare
ad altri l'illusione
di esser liberi di decidere,
anche della vita degli altri,con il semplice
gesto del pollice.

****

Dei vecchi ho solamente l'età,ma ho le inquietudini
dell'adolescenza. Vivo
in questo tempo ambiguo,consapevole
ma inerme
come un verme caduto in un torrente
che non ha arti per aiutarsi
ad uscirne. E la corrente
lo porta a valle e i gorghi lo sommergono.

****

Sulla parete friabile che sgretola
ogni volta la pioggia e il vento scalza
s'aggrappa come a un'ultima speranza
un cespo d'erica. Ma già sporge
nel vuoto il glomere
delle radici e pencola
reggendosi appena alle ultime
barbe a cui vien meno
la terra a poco a poco.

****

Gli alberi hanno tempi lunghissimi e pause
in cui la vita sta sospesa e non s'accrescono.
Guardano indifferenti da cime alte svolgersi
cicli d'altre vite più brevi; portano
sui rami nidi di una stagione
sola che si disfano alle prossime piogge.
Ed anche l'attimo per loro è diverso: si misura
col variare di fronde,con l'accrescersi
lento di anelli ai tronchi,col lungo
alito che s'alterna in giorno e notte.

****

Niente è stabile e definitivo. La vita
è come una trottola,inutile,
che gira su se stessa,senza chiedersi
da quale forza venga mossa,senza sapere
verso quale meta.

****

Queste strade che salgono,che scendono
dal cielo,che non si vedono
ma che pure s'intersecano,ed occorre
essere cauti agli incroci,rispettare
le precedenze,perché non ci si scontri
e non si cada in frantumi,come aeroplani
i cui resti si spargono
minuscoli,per vasto raggio,e distruggono
intorno case ed alberi e lasciano
la terra bruciata,e dopo
bisognerà aspettare
che i solchi si rimarginino e i campi
tornino a farsi fertili,il cuore
a farsi fiducioso,per potere
seminare ancora una speranza
e che essa germogli.

****

Reclino i miei pensieri come rami
di salice babilonico allo stagno
fermo della memoria dove brulicano
tra marcescenze larve innumerevoli
in attesa d'occulte metamorfosi
per farsi infine anofeli e falene
e veleggiare libere nell'aria.
I nostri sogni pure sono fatti
di un brulicare assiduo d'inquietudini
nelle acque ferme e nella marcescenza
torbida della memoria. Ma poi volano
per una vita breve a un'illusione
che forse non potranno mai raggiungere.

****

La rissa dei passeri sui tetti
ci lascia indifferenti.
Altre risse ci coinvolgono che non sono
quelle di questi uccelli litigiosi
che s'azzuffano solo per contendersi
poche briciole.

****

Gli animali cittadini, (i cani
che ringhiano l'uno contro l'altro
quando s'incontrano,che insudiciano
i marciapiedi sì che i passanti
disattenti s'imbrattino;i gatti
castrati e nevrotici che pretendono
la carne scelta e graffiano
le fodere del salotto;i piccioni
che litigano astiosi
per qualche briciola e s'inseguono
beccandosi ostinati,mentre i passeri
opportunisti arraffano
le briciole incustodite,)
non sono animali,sono uomini
in maschera per un carnevale
continuo. Solo il merlo
scontroso e solitario resta ancora
un merlo, e s'infratta
tra le siepi compatte del ligustro
o tra gli alberi dei parchi,rimpiangendo
i boschi e vergognandosi
di avere accettato di inurbarsi.

****

Un giorno forse si distaccheranno
dalle ultime parole le ultime
sillabe. Resteranno
sospese a ripercuotersi come echi
da una parete all'altra ed a sfibrarsi
a poco a poco,senza mai posarsi.
Saremo suoni senza senso,ponti
che non congiungono sponde opposte
e restano in bilico
tra silenzio e silenzio.

****

Starsene su un albero,come un passero
rigonfio di freddo,mentre insistono
questi giorni d'inverno,brevi,e il gelo
brina sguardi alle ciglia ed alle labbra
parole e tutto pare
definitivo;
oppure aspettare che ritornino
ad allungarsi i giorni,che si sciolga
il gelo,che ritornino
sguardi ancora a volare,come passeri,
e parole reciproche a cercarsi
nell'aria e forse
a incontrarsi,magari solo per un attimo.

****

I tuoi occhi che seguono il profilo
delle figure morte che s'inarcano
per spazi inespressi,dove l'unghia
del tempo indifferente scrosta
colori dalla tavola e l'aggromma
di polvere
- e l'aria è umida
di fiati e di brusii mentre si fanno
lontane le voci-
e tu non vedi
come si distaccano
le speranze dall'anima che resta
ferita e devastata
come un cielo d'inverno o un campo arato.

****

S'aggrappano
gli sguardi come naufraghi a una zattera
di nuvole e navigano
tra ondate di venti che li sferzano
da ogni lato. Tendono
a un atollo di luna che ora appare
incerto tra foschie e ora si perde
dietro i bordi impennati delle nuvole.
E forse ci saranno altri naufragi
e altri relitti ancora a cui aggrapparsi
almeno finché reggano
la presa il desiderio e la speranza
o fino a quando duri
un barlume lontano che ci chiami
come a un ritorno o come a un'avventura.

****

Ci aspetta paziente per traghettare:
è mite,oltre l'aspetto,
e benevolo; se batte
a volte chi s'adagia è solo
perché non venga fatto nessun torto
a quelli che hanno fretta di passare.
E forse l'altra riva è ancor più brutta
e squallida e affollata
ma è pur sempre la casa che per sempre
ci ha assegnato la sorte.
E se pure affrettarsi non ha senso
non ha nemmeno senso l'indugiare
su questa riva estranea,provvisori
come d'autunno agli alberi le foglie.

****

Si contrappongono
i pensieri ai pensieri e i giorni ai giorni.
La nostra vita è fatta di parole
discordi in un discorso incomprensibile.
Quello che cercavamo e che trovammo
ci pare vile e odioso ora,e rimane
sola speranza ciò che non si trova.

****

E non sapremo,non sapremo mai
cosa valse la vita che vivemmo ;
ci pareva essere nel centro
e tutto il mondo ci girasse intorno
ed eravamo invece periferici
punti di un universo in movimento.
E tutti gli altri punti,ognuno, chiuso
in un'orbita di solitudine, non erano
che entità separate da distanze
astrali,anche se ognuno
pensava degli altri che esistessero
in funzione di sé,perché gli fossero
luci chiare o richiami di maree,
appigli agli occhi nelle notti,punti
fissi di riferimento per dirigere
rotte a nessuna meta,per illudersi
di non perdersi
per spazi senza strade e senza tracce,
e per ritrovarsi
comunque infine al termine e all'origine
per ripetere orbite di solitudine
che s'inseguono nel vuoto e non s'incontrano
se non per impatti sterili e catastrofici
di meteoriti.

Epifania.

Vennero dall'oriente i maghi
con i loro oroscopi,inutili,e con i doni:
l'oro per dominare
l'incenso servile per mostrare
l'accettazione del dominio,
la mirra profumata per nascondere
il fetore della corruzione.
E suonarono false le parole
che si dissero in seguito:del ricco
escluso dal paradiso,dei premi
eterni riservati ai poveri
ed ai puri di cuore.

****

Gli occhi non hanno immagini. S'inoltrano
per percorsi di nebbia che nascondono
forse presenze,che ora appaion vaghe
come fievoli lumi da lontani
promontori nell'ombra,o come
i richiami di un porto,o il segnale
di un faro che ci indica un pericolo.

****

Se pure non ci fosse occorrerebbe
trovarla in sé una ragione d'essere.
Un dio,se pur ci sia,non può che esserci
nemico,come un parassita
che vive a spese della nostra vita.

****

Ogni inverno che torna pare rigido
più degli altri inverni. I passeri
che hanno speranze brevi pare aspettino
arruffati e scomposti che la morte
li liberi dal freddo e dalla fame.
Ma una mano furtivamente getta
una manciata di briciole ed i passeri
si riscuotono e corrono a beccarle.
A noi più lunga una speranza mostra
lunghe promesse:
che passerà l'inverno e torneranno
i giorni a farsi tiepidi e le attese
a farsi ancora verdi di germogli.

****

Non potrà esser altro che un dipartirsi
da sé la morte,un essere
divisi anche dagli altri in tante
parti minime e non umane,
in utilità di ruoli,di funzioni
o forse solamente di apparenze,
e sentire d'essere lontani
ormai da sé e non desiderare
di tornare se stessi per non essere
consapevoli d'essere più soli.

****

Sbianca la brina gli orli delle rade
foglie residue . Le ultime parole
che restano hanno margini
confusi e sensi ambigui,
come foglie d'inverno che rimangono
ancora appese ai rami e che la brina
confonde con la nebbia.

****

Quelli che avremmo voluto essere e non fummo
perché il volere fu sterile e non seppe
modificare il mondo intorno e renderlo
vuoto come uno specchio,per riflettervi
soltanto i nostri ideali; quelli
che avremmo voluto essere ma non ebbero
forza né convinzione sono
lemuri ora,che dagli inferi
dell'anima ci tormentano . E non basta
schioccare le dita per tenerli
lontani,né per placarli
gettare nove volte fave nere
dietro le spalle.

****

La storia è un amanuense che ricopia
con nuovi caratteri un archetipo
antico e forse non capisce
il senso del contesto che trascrive.
Sa solo
che a una parola antica corrisponde
una parola nuova,ma pensa
che sia uguale il senso,anche se pare
diverso il segno. E' forse è vero
perché pietra o freccia o missile raggiungono
il medesimo scopo,
che è uccidere per mantenere
sempre uguali
rapporti tra individui disuguali.

****

I ponti sul Santissimo[2] crollati
ancora prima che si potessero
attraversare restano
mutili come propositi e si sgretolano
a giorno a giorno e perdono
brani penduli,tondini
arrugginiti d'armature
che furono inutili,che non seppero
resistere all'avanzare della frana
e al progresso del vuoto che rimase
invalicabile.

---

[2] Il Santissimo è un affluente del Savuto.

****

Avvengono
solo le cose che sono predestinate,
o almeno così dicono.Il destino
è un percorso obbligato,e mentre ognuno
crede di scegliere una strada,
la strada è invece già segnata,
nella mappa degli astri,sulla carta
topografica della mano.
Quelli che sanno leggere,gli astrologi
o i chiromanti,sanno
il tragitto o i pericoli. Noi ciechi
non sappiamo che andare con l'aiuto
di un bastone che incespica all'ostacolo
più prossimo,ma non ci indica
il percorso più agevole e più breve.
Ma se pure sapessimo,come Edipo
che pure credeva di sapere,
non ci sarebbe dato di cambiare
né le orbite degli astri né le linee
tracciate sul palmo della mano.

****

La ragione appartiene di diritto
ai più forti .I deboli
hanno il torto inespiabile di vivere,
e morire è per loro il solo modo
d'essere liberi.

****

Aspettando
che una ferita si rimargini
che s'appiani
il solco sul terreno,
che ritorni
nel vuoto della mente una memoria…
Ma forse resterà per sempre il segno
della pelle mancante che rinasce
più dura e più pallida,
dell'erba che più tarda s'infoltisce
d'altre memorie che si sovrappongono
come ferita su ferita,solco
sopra solco.

****

Essere seme minimo per farsi
albero e spargere
rami nell'aria ed aspettare
che arrivi il vento.
E poi tentare di seguirlo
per strade senza termini a una meta
vaga che non sa chiudere
nella sua linea ultima il limite
aereo dell'orizzonte.Ma sentirsi
ancorato alla terra e non potere
che flettersi appena e poi tornare
ancora dritto contro il cielo.

****

La nebbia rende mutila la sera
di luci che non possono incontrarsi.
Passano inquiete orme di parole
nell'aria senza margini e dislabbrano
pensieri ancora incerti.
La strada da percorrere ora pare
più solitaria e vaga.

****

Premi con la tua mano le ferite
gemine dei miei occhi,che non ne sgorghino
sguardi a fiotti e si rapprendano
ai margini delle palpebre come croste
di sangue o come cispe.

****

Strappalo
qualche germoglio di garofano
ripiantalo
nella memoria,che rinasca il cespo
folto e rifiorisca
ogni volta che torna a ripercorrerlo
il tuo sguardo retrogrado.E s'arresti
intanto questa vicenda torbida
di polvere che il vento
leva da terra e di continuo sparge
sopra il verde dell'erba.

****

So di non essere indispensabile
e nemmeno utile. Partecipo
alla dissipazione delle risorse
coi miei consumi voluttuari,
all'inquinamento atmosferico con lo scarico
della mia automobile,con la mia quota
di calorifero,col mio respiro . Insudicio
coi miei escrementi le acque,coi miei rifiuti
il territorio. Contribuisco
alla distruzione dei boschi
anche con l'abitudine
di leggere,al degrado
del suolo col bisogno
che ho di saziare la mia fame.

****

Dove non c'è più l'amNio
della parola,sola
vai,anima,e non protetta,per ore
ambigue,per eventi
incomprensibili,per pensieri
astrusi,e incespichi
ai ciottoli,t'impigli
ai dumeti che sporgono e non sai
dove porti la strada,o almeno dove
ci si possa fermare a riposare.

****

La verità è impietosa come l'impatto
del missile e lo scoppio
istantaneo,mentre già cadono
i frammenti di un aereo.Il resto
è schermaglia diplomatica,vaga,ed è timore
di un futuro più torbido.

****

I desideri si diradano
giorno per giorno eppure si dilatano,
come grumo d'argilla che precipiti
dall'argine dello stagno e che si sciolga
a poco a poco e perda i suoi contorni
ma renda l'acqua torbida.

****

Morire
per qualche cosa almeno e non in modo
banale,che non si abbia il tempo di pensare
al conto in rosso che è la vita.
Spendere in una sola volta tutti
i giorni,per qualcosa che vale
o che abbia l'apparenza di valere.

****

Gli attimi impercettibili corrodono
i muri nell'arco dei secoli.
Quello che resta è solamente polvere
che il vento porta e accumula
minuta e indistinguibile ora in un angolo
della strada,ora in un altro, e ora la leva
torbida nell'aria ed irrita
gli occhi a quelli che passano.
Ma i terremoti sgretolano le case
e le abbattono nel giro di pochi attimi
e lasciano per terra mucchi sparsi
di macerie,tra cui s'aggirano
disperati gli sguardi dei superstiti
che cercano tra i detriti una memoria
integra da conservare.

****

0In una base antartica,tra ghiacciai
senza fine,in una solitudine
senza voci,in un tempo
senza discrimine in cui un anno intero
duri una notte sola,si rallentano
il respiro e i battiti del cuore,gli sguardi
s'arrestano in una penombra
uniforme e non percorrono sentieri
incerti per luci ed ombre instabili,
non si trovano bivi illusori
dove solo è possibile decidere
per quale errore perdersi.

****

Essere è senza rimedio,è il solo male
incurabile : una febbre continua,un disvolere
che debilita,un dolore
solo con qualche breve interruzione,
un perdere le forze,uno smagrirsi,
un arrivare a sera senza avere
goduto un solo attimo del giorno.
Eppure aver avuto desideri,
e forse averne ancora,ma sentire
che le forze ci lasciano ed inveire
contro la vita che non si è vissuta,
contro la morte prossima a venire.

****

La gabbia della luna ci cattura
gli sguardi e li trattiene
per sempre prigionieri tra le sbarre
ferree di una inquieta solitudine.
E gli occhi vuoti vagano cercando
un cielo che non c'è più,sperando
che torni ancora il sole e resti
nei riflessi delle acque,nei bagliori
delle foglie umide,degli umori
notturni,nei sogni
che sono illusori ma che pure
vogliamo che non ci abbandonino,
per non restare ad occhi vuoti,senza
che gli sguardi possano ritornare
a farsi ancora desideri.

****

Sulle rovine di Sibari

I pitagorici che non sopportavano
che gli altri vivessero nel modo
che piaceva loro
e hanno distrutto tutto con il fuoco
e con l'acqua,ed hanno fatto
di una città che un tempo era fiorente
soltanto una palude dove brulicano
nella melma e tra le alghe solo larve
d'anofele. Ma forse tutti
siamo come i pitagorici,incapaci
di tollerare che gli altri siano
diversi da come noi vogliamo
che siano:che abbiano
pensieri propri,
- che è meglio distruggere,se sfuggono
al nostro controllo -
e ideali e desideri E rendiamo
la loro vita una palude
mefitica di doveri e d'abitudini.

****

Tutto quello che conta è solamente
l'idea,nuda,che non sa esprimersi.
La parola
è la veste che la copre
per adornarla oppure per nasconderla,
sì che ne traspaia la figura,ma incerta
e mutevole al muoversi dei passi,
ai riflessi del sole e alle distanze.

****

Quello che accade
è sempre irrimediabile:è la crepa
strutturale che cerchiamo
di nascondere sotto un nuovo intonaco,
è il foro che riempiamo
con un pugno di malta che non lega
ed alla fine è il crollo in cui s'assommano
tutti i buchi e le crepe che cercammo
invano di dissimulare.

****

Volgo la rotta dove pare possa
avvicinarmi a te. Ma tu non sei
presenza,sei soltanto
eco dei miei richiami,sei illusione
agli occhi abbacinati di salsedine
e riarsi di solitudine.
Se a volte vedo comparire un'isola
nel mare aperto,
non so se è vera o è solo la foschia
che si raddensa avanti agli occhi e pare
quasi come uno specchio ai desideri.
Ma poi cancella il sole ogni illusione
e tutto torna a farsi solo mare
sterile e solitudine
nel pendolo delle onde,nel ripetersi
uguale delle speranze
oltre ogni altro orizzonte.

****

Nessuno c'era quando l'ora ruvida
ci smerigliava l'anima fino a farla
sottile e trasparente come un velo
e fragile. Ora
non c'è nulla che conti. Il nostro mondo
è tutto avanti a noi, coperto solo
da un velo leggero che ci toglie
qualche dettaglio,incerto,ma non cela
agli occhi la durezza
aspra dei suoi contorni.
Nessuno è agli altri altro che una parte
del mondo di là dal velo:forse un lieve
ramo cedevole,o forse uno streppone
ispido che ci laceri.

****

Rosseggiano
nel grigio delle siepi i frutti aperti
della fusaggine,pensili
dai rami spogli. Aspettano
inerti che li sbiadisca
la nebbia e che li scrolli
la prima neve.

****

Il filare dei salici rivela
in lontananza il corso del torrente,
ma non c'è niente che riveli niente
di ciò che è in noi . I pensieri
a volte scorrono stenti e resta sterile
la nostra mente eppure
le rive hanno un rigoglio di parole
varie e loquaci come fronda al vento;
a volte invece s'interrano fecondi
d'inquietudini mute ed alimentano
stoloni sotterranei,a reti,fitti
che però non emergono e rimane all'apparenza solo un greto
arido
di ciottoli e di sabbia dove il vento
passa senza parole e si disperde.

****

Esci dal guscio duro ed avventurati
nella vita. L'aria s'è fatta tiepida,le foglie
sono ancora umide. Cogli
con le antenne retrattili gli ultimi
brividi di una goccia ancora pendula
da uno stelo rimasto in ombra.
E non importa che venga il ramarro
predatore o la mantide,purché l'ultimo
sguardo non cada su un opercolo
chiuso,ma su un verde
di foglie,su un azzurro
di cielo senza nuvole.

****

La parola è fatta per dividere,
come una spada,anima da anima
e per ferire. Portami
di là dal tiro delle voci
in una terra impervia di silenzio,
per giungere alla sera
incolume o senza il peso di un rimorso.

****

Produciamo soltanto scorie inutili
di pensiero,prodotti
di reazioni imperfette
forse perchè era avariato
un componente essenziale
o forse perche mancava
un catalizzatore.

****

Le acque sono limpide
quanto più sono gelide,
ma tu non immergertici
o le tue membra si faranno torpide
e non avrai la forza di riemergere.
Tuffati invece
in acque che la vita rende torbide
di limo e di sargassi e non volere
avere sguardi puri,occhi che sappiano
vedere chiaro intorno o penetrare
nel fondo inquieto,dove si depositano
marcescenze e ritornano
sospese come polvere a percorrere
impure le correnti dell'oceano.

****

Vanno i pianeti per orbite
di solitudine,intorno al sole
Restano ognuno chiuso in una propria
atmosfera di desideri,ognuno
in un mondo concluso in sé,che esclude
incontri di meteore. Guardiamo
nel cielo terso ardere le stelle
filanti. Esprimiamo
nell'intimo il desiderio di non essere
più soli. Ma si brucia
all'impatto coi nostri desideri
ogni richiamo,prima di raggiungerci.

****

I tuoi capelli sono come il mare,
gonfi di vento,spumidi,anfrattuosi
di caverne sommerse ove si celano
segreti i tuoi pensieri. Io sono
un cercatore di tesori,solo
con la mia barca fragile,con i miei sguardi
che il desiderio inganna,
con la riserva d'aria di una sola
bombola,con una lunga
esperienza di fallimenti. l mare
sa solamente prendere con le sue onde
adunche che scavano litorali,con le burrasche
che s'avventano agli scogli
e li sgretolano,che frantumano
le barche incaute e poi trascinano
per onde che s'alternano relitti
informi,all'infinito .Il mare
che non sa altro che perdere
quelli che navigano, con le sue sirene
che richiamano gli occhi a una promessa
illusoria e li abbacinano
con barbagli di sole e sogni d'isole
lontane. E si rapprendono
sulle ciglia cristalli di salmastro,
rigidi,che le palpebre
non possano più chiudersi e che restino
senza approdi gli sguardi a una deriva
incessante di flussi e di risacche.

****

Quella che noi cercammo,immagine
evanescente o riflesso
tremulo di sole in acque smosse,
ci illuse solo per un attimo,
mentre il sole restava
inattingibile e solo,fuoco
di un universo ellittico,centro
improprio di un moto eccentrico
che nel lontano afelio riaccendeva
più forte la speranza
per poi tornare ancora persistenza
di brume o nebbia in un lucore
grigio e senza immagini.

****

Il ponte che scavalca lo Stupino
è alto come una vertigine,
ma non per superare la risibile
pochezza attuale dell'acqua,
ma per attraversare
una vicenda antica che ha scavato
forre dal fondo buio e inattingibile.
Altri ponti nell'anima scavalcano
valloni insondabili . La vita
presente passa per sentieri ardui
sospesi sopra baratri di assenze.

****

Ognuno non è unico,è uno specchio
sulla cui superficie si riflettono
di volta in volta estranee a lui le immagini
che altri dall'esterno vi proiettano.
E quello che veramente c'è dietro la patina
d'argento,nello spessore
laminare dell'anima,nell'abisso
senza spazio,nel ghirigoro
attorto e senza varchi,
resta segreto e non traspare. Ognuno
non cerca sé,cerca l'immagine
di sé che egli riflette
nella vita degli altri.

****

L'anima - dicono - è immortale e vola
nell'empireo,ma la carne resta
sulla terra a corrompersi Ma l'anima
è la memoria individua e si frantuma
come specchio in frammenti che riflettono
per qualche tempo ancora brani sparsi
d'immagini,fino a quando
regge l'argentatura. Poi restano
in un coacervo di memorie solo
brillii vaghi quando li colpisce
un raggio di sole,come scaglie
di mica occulta tra la sabbia.
La carne è immortale,che germoglia
come seme sepolto a nuove forme
perché duri in eterno il divenire
della materia,che chiamiamo vita.

****

Digrada il grigiazzurro delle nuvole
verso orizzonti pallidi. Si sfanno pensieri
esausti e sguardi.
E lenta e inavvertita trova un varco
la sera,e affretta il passo
per ricoprire di penombre gli occhi.

****

Ricomponiamo la vita come è possibile,
ogni volta,a coccio a coccio,che ritorni
integro all'apparenza il vaso. Ma poi passa
per fenditure mal connesse il liquido
che vi abbiamo riposto e rimaniamo
vuoti ed inutili.

****

Passano i giorni e tu t'aggiri ombroso
per labirinti astrusi e senza varchi.
Tutto è concluso e tutto è da ripetere
finché la forza regga,finché il passo
esausto si trascini e non s'arresti
in un silenzio senza risonanze.

****

Sento gli occhi trascorrere su un mondo
dai contorni imprecisi. Tutto è fosco
di nebbia. Si cammina
a tentoni,come i ciechi,si cerca
di seguire un suono che ci pare
di passi,e invece è il battito
di un orologio occulto.

****

Parti ora e non parlare. Ogni parola
mi parrebbe un addio. La vita è un luogo
che pare fatto solo per dividersi,
una stazione dove di continuo
partono treni,un incontro
breve sotto una pensilina,una promessa,
incredula,di rivedersi,un fischio,
una mano che si agita,un'immagine
che svanisce.

****

Rivedere le regole,ogni volta
che si fanno desuete e non rispecchiano
la regola che prescrive che le regole
sostengano le ragioni del più forte.
Si fa la rivoluzione quando cambiano
i rapporti,non per costruire un mondo
di uguali,che è utopico,ma solo
per dare modo a chi di volta in volta
diventa il più forte di ottenere
pure la legittimazione del potere.

****

Abbiamo colto i frutti della vita
e li abbiamo riposti in fondo all'anima
come d'inverno riponiamo i pomi
nel solaio perché maturino.
Ma quando andiamo a prenderli troviamo
che sono mezzi acerbi e mezzi marci.
E allora certo non valeva
la fatica di vivere penando
a radunare per l'inverno sterile
di giorni ormai inutili memorie
che avremmo ritrovato col sapore
ancora acerbo del rimpianto ed acido
del rimorso.

****

E poi ci coglie un sentimento inerte
che pare quieto,di rassegnazione,
e che nasconde invece nel suo fondo
come acqua di palude un'inquietudine
di larve che si agitano tra corpi
morti in decomposizione.

****

Tutti gli eventi
erano probabili
però solo uno
ebbe a verificarsi
e fu irreversibile e rimase
causa efficiente d'altri eventi.
E questa solo è storia,il resto è pura
congettura,su cui forse
si potrebbe costruire un universo
migliore,se non fosse
che la storia è testarda e non intende
altro che le sue ragioni.

****

Salire a piedi le scale o aspettare
l'ascensore...
Ma con l'orecchio attento,che non s'apra
il portone
che non si senta avvicinare un passo
per non sentirsi chiusi con un altro
in un abitacolo troppo piccolo.
Essere soli per non sentirsi soli
ugualmente ma col fastidio
dei convenevoli con l'imbarazzo
di una persona estranea,senza potere
estranearsi,nascondersi,sparire.

****

Non torneranno più nel cuore le ore
silenti : ora è un frastuono la memoria
come di un mare inquieto ove tornando
onde furiose verso terra sbattono
relitti antichi tra gli scogli.

****

I giardini di Adone

Il grano cresciuto al buio,barba bianca
di vecchio,le lenticchie
dagli steli gracili da cui spuntano
foglie esauste,ostie
legate con un'infula rossa,
pallide sull'altare,per essere immolate
innocenti a un dio muto
dopo una fugace vita inutile.

****

Presto precipita per scoscendimenti
ripidi la zolla che si smotta,o la scheggia
scabra che si distacca
attimo dopo attimo dalla vita. E la frana
non s'arresta poi se non lontano
dai nostri sguardi. Ma rimane
lungo la china lacera una traccia
che non si rimargina.

****

Questo é l'inferno - dici- dalle strade
lastricate dal tufo dei propositi.
Qui giunsero alla fine solo i poveri
che dovettero cedere per vivere
i loro sogni e n'ebbero in compenso
solo rinunzie,stenti e umiliazioni.
L'altra strada è più bella,quella fatta
di gemme incastonate e d'oro puro
quella che percorrevano i padroni
della terra,che non dovevano
bestemmiare per gli stenti,anzi avevano
il superfluo, per vivere sereni e per comprarsi
i favori del clero e l'indulgenza
concessa dai vicari degli dei.

****

Senza voltarsi indietro,per non essere
tentati di tornare,per non avere
rimpianti,perché tutto
è fluido come l'acqua e scorre sempre
dall'alto verso il basso.

****

Resta ora agli occhi provvisoria e sola
un'immagine,e vacilla
a ogni battere d'attimo. Domani
non ci sarà più nulla a cui dirigere
o su cui soffermare i nostri sguardi.
Andremo a caso per scomposte tracce
di parole prolisse a ricercare
una meta che forse non esiste.

****

S'ode sommesso il mormorio dei pini
e uguale,come di una schiera
d'opliti dalle lunghe sarisse ch'escludono
voci esterne ed immagini.
Meglio tornare col pensiero ai boschi
misti di latifoglie,dove il vento
ha voci che s'alternano a silenzi,
dove s'apre l'accesso ad altre voci
forse di sogno,forse di memoria.
Per ombre inquiete emergono parole
antiche o nuove,e pare siano ultime
come le foglie ad ogni autunno,e invece
tornano fronde e tornano richiami
di vento,e tornano ad attenderci,
dove s'alterna il sole all'ombra,immagini
che il desiderio traccia,incerte,e il vento
passando tra le foglie ora cancella
ed ora ridisegna in un alterno
gioco impietoso.

****

Da un discorso all'altro,senz'altro nesso
che di una parola,filo di ragnatela
vischioso,che cattura
i pensieri e li imbozzola. E restiamo
senz'altro da dire che parole
elastiche e tenaci che si piegano
sui pensieri e li intrappolano
e ne imitano l'aspetto,che non paia
che non passi reciproco un discorso,
ma d'apparenze,
che pure se si scambiano e rimangono
separate ed estranee.

****

Tu resti ancora accanto a me,nel fuoco
che mi abbacina gli occhi e che li popola
d'immagini d'ombre in cui baluginano
riflessi d'altre luci ora già spente
e fredde come di fuochi fatui
ed echi intermittenti e provvisori
di parole nella memoria,che erano
in altro tempo voci ed ora sono
riflessi per foglie umide
di rugiada e brividi
che presto s'esauriscono.
E resti ancora accanto a me,nell'ombra
delle palpebre chiuse,immagine
di un desiderio,labile
come impronta di fiato sopra un vetro
che rimane indistinta e rende fosca
la vista di altre immagini.

****

C'è una grammatica muta
nell'anima,e formula regole
che non si applicano. Ma pure
la nostra vita genera parole
che paiono nuove,ma le chiude
dentro strutture fisse ed inelastiche
che sempre si ripetono.
Nuova rimane solo la speranza
fàtica del richiamo,l'illusione
che qualcuno risponda. Ma poi tornano
le parole vitali ancora a chiudersi
in gabbie di strutture ed a subire
regole rigide
e la vita ritorna a farsi sterile
e ripetitiva.

****

Solstizio d'inverno

Si muove il sole lento ed oscillante
come un pendolo. Il punto
dell'origine è mobile,ma i giorni
- noi diciamo - sono uguali
perché tutti conclude inesorabile
il tramonto. Eppure
altro era un giorno limpido e disteso
nel pieno dell'estate,
e altro il singulto breve e disperato
del solstizio d'inverno.

****

Il parco di notte non è fatto
di alberi,ma di ombre
alte che incombono su di noi,che paiono
giganti e ci minacciano. Forse
torneranno pensieri antichi,antiche
consapevolezze di un mondo ostile
dove la paura
era la sola arma per difendersi.
Tornano dei malefici dagli occhi
pallidi e c'inseguono
di fratta in fratta,ci sospingono
fino all'orlo di un baratro. E si aspettano
le ore avvenire con angoscia,e le ore
ci giungono notturne ed hanno passi
fruscianti ed ombre
alte che incombono.

****

Indugio con gli sguardi
lungo le venature
concentriche dell'anima
che erano anelli che s'accumulavano
anno per anno,alburno
tenero dapprima,e poi legno
duro però sempre sensibile
all'inverno rigido,alle arsure
estive ed allo scavo
di formiche e di larve di cerambici.
Ora,fatto memoria,è solo un asse
e mostra con lo spessore
delle sue venature le vicende
dolorose che furono la sua vita.

****

Tutte le nostre azioni
non erano crudeli. Il male
che noi facemmo al massimo
era preterintenzionale .Ma ogni sera
si riapriva un processo in cui valevano
di meno le attenuanti ma pesava
ogni volta di più la recidiva.

****

E continuiamo ancora a fare il punto
senza renderci conto
di non avere più riferimenti,
di navigare
alla cieca in un mare senza approdi,
eppure continuando
a mantenere in ordine la nave,
a disporre le guardie ed a tracciare
rotte impossibili,a compilare
il diario di bordo,ogni giorno,scrivendo
speranze aleatorie
e fingendo di credere
che sia possibile che si avverino.

****

Vanno parole da una solitudine
a un'altra solitudine.Incontrano
pareti refrattarie e vi s'infrangono,
e per silenzi laceri ritornano
sillabe che si ripercuotono
da una parete all'altra e restano
per sempre inascoltate.

****

Diffusione autocora

Il ciclamino avvolge strette spire
attorno ai suoi semi,che s'interrino
in luoghi certi,senza attendere
la fame degli uccelli,il soffio
aleatorio del vento,la formica
che trascini sotterra e poi dimentichi
qualche cariosside. Essere
fiduciosi di sé,non affidare
ad altri i pensieri
che non si disperdano e germoglino
in luoghi sterili,o lungo sentieri
dove passi distratti li calpestino,
dove i germogli nascano,ma li strappino
distrattamente mani estranee.

****

Improprio è il gesto,la parola,l'atto
di pentimento : nulla ci giustifica.
Esistere è un male irrimediabile,
che è lotta contro tutti. Vivere
è sopraffare per non essere
sopraffatti,è occultarsi
per non essere visti dalla preda
che non possa sfuggirci,per sfuggire
al predatore; è farsi
infidi come la serpe che s'acquatta
tra l'erba folta,per tendere
agguati alle rane ed evitare
a sua volta l'assalto del biancone.

****

Asseconda la vita e seguine
il corso senza opporti,abbandonati
a quello che chiamiamo destino,che ti avvolga
casuale e assurdo in una ragna fitta
da cui non ci si districa,sperando
che non ci tormenti qualche foruncolo,
che non ci faccia agitare e non si stringano
più forte i fili e non si faccia
più soffocante la consapevolezza
d'essere inermi e assistere impotenti
e dolorosamente alle vicende
ingiuste della vita,e nel contempo
sentire il fastidio dei foruncoli.

****

Mirabilis nocturna

S'aprirono
nella notte i pensieri come fiori
di mirabile e accorsero
sfingi e saturnie. C'erano
silenzi tutt'intorno che spargevano
richiami inconsapevoli di calici
segreti,di parole
inespresse. E c'era
nella notte il timore
che s'aprissero palpebre lontane,
che sorgesse il sole e si chiudessero
i fiori della mirabile.

****

Sulla circonferenza non si trovano
l'origine e il termine : c'è un ordine
chiuso che si ripete. Ma si vedono
punti dove la mano che tracciava
la linea aveva qualche esitazione,
fors'anche qualche intoppo,
ma dopo un poco riprendeva ancora
a fatica l'inutile percorso.

****

Trovarsi
a un'ora concordata per telefono,
andare
magari a cena fuori,per passare
una serata diversa,un vaniloquio
ancora più inutile,e fingere
di credere alle parole che si dicono.

****

Alla foce la vita si sparpaglia
per ristagni salmastri,ove s'arresta
l'impeto della corrente e giunge il flusso
salso delle maree. Si spargono
sulle rive retrattili tra le erbe
palustri i resti
di un viaggio insensato e imputridiscono.
Gli sguardi si smarriscono per onde
che non hanno più un senso,ma che agita
alterna un'inquietudine sommersa
di flussi e di risacche.

****

Passa frequente e rapida la spola
duttile della parola,ed attraversa
orditure imperfette e non intesse
nessuna tela. Rimangono
grovigli inestricabili di fili
che s'annodano a groppi e non si sciolgono
se non recidendoli.

****

Le cose potevano essere pensate
come strumenti oppure come ostacoli.
Ma le cose
erano in realtà senz'anima. In noi
erano i desideri,erano il porsi
in rapporto con loro,ed il pericolo
di abituarsi,di farsene
schiavi,di non poterne fare a meno,
di giudicare gli altri sulla base delle cose
che possieedono,di accettare
di essere giudicati dalle cose
che si posseggono o di cui forse
si è posseduti.

Finito di stampare nel mese di Aprile 2015
per conto di Youcanprint *Self-Publishing*